7
Lk 828.

VERITABLE RELATION

DE L'EFFROYABLE

MORT DE TROIS SORCIERS & Magiciens, Executez dans la ville de Bazas, pres Bourdeaux, le 11. Feurier 1637.

Et des Horribles & Espouuentables Actions des Diables & Demons, tant en l'air, que sur terre, durant icelle Execution, aux grand estonnement du peuple.

A PARIS,
Par PIERRE METTAYER, Imprimeur ordinaire du Roy.

M. DCXXXVII.

VERITABLE RELATION

de l'effroyable mort de trois Sorciers & Magiciens, Executez dans la ville de Bazas, pres Bourdeaux le 11. Feurier 1637.

POVR dire au vray l'execution de mort qui a esté faite en la ville de Bazas, pres la ville de Bourdeaux le 11. Feurier present mois des trois Sorciers & Magiciens, dont l'vn se nommoit Galleton, l'autre Iassou, & l'autre Pautier, Paysans, & Rustiques aagez, le plus ieune d'enuiron soixante année.

Pautier par sa maudite Magie &

A ij

Sorcellerie commettoit iournellement des malefices abominables, & notamment bailla vn fort à vne tres-hónefte femme qui luy fit tellemét troubler les fens quelle couroit comme enragée parmy les champs, & lors qu'elle eftoit enfermée en quelque chambre, ou l'on pouuoit auec grande peine la refferrer, elle faifoit des cris effroyables qui eftoit la caufe que quantité de peuples l'alloient voir auec grande compaffion.

Quelques Peres Recollez y allerent diuerfes fois, voyent cefte jeune femme grandement tourmentée, laquelle crioit tout haut qu'elle voyoit lefdits trois Sorciers (les nommant par leurs noms) accompagnez de plufieurs Diables, & Demons effroyables, & mefmes les assistans voyoient bien jetter des pierres sans pouuoir voir d'où elles venoient.

Le rapport de ce spectacle estant venu à Messieurs de la Iustice ils se transporterent en la maison, & ayāt pris l'audition de la femme ainsi affligée, leur declare que Galeton luy auoit dit que c'estoit Pautier qui luy auoit doné le mauuais sort, lors l'on conclud de les apprehender, au subject de quoy Messieurs de la Iustice se portent sur les lieux, & se saisirent dudit Galeton & de Pautier, & les firent conduire dans les prisons. Le lendemain l'on apprehende aussi Iassou, qui est aussi arresté.

La Iustice voulant instruire complement ce procez Criminel, sur vne matiere si prodigieuse, delibe-

A iij

rans de les ouyr au long sur leurs accusations, les font venir l'vn apres l'autre deuant leur Tribunal, où ils y vont la teste leuée, ils estoiēt resolus comme les plus innocens hommes du monde, neantmoins on les interrogent par tant de diuerses fois, qu'ils font vaciler, & varier. Car Galleton qui estoit le plus ancien estant acculé de magie fut le premier appliqué à la question, se faict grandement presser, & endura plusieurs coups de cordes iusques tant que mesmes il s'en rompit trois sur ses bras, & lorsqu'il estoit sur le banc de la question son Demon se presente à luy, & se posa sur sa ioüe, ayant esté relasché, Monsieur le Rapporteur l'interrogea, Il declare qu'il est vray que c'est son Demon qui luy tient la bouche close, & qu'il se nomme Xibert, & voyant qu'on le menaçoit de le remettre encore plus fort à la question, & exactement interrogé il confesse tout, declare qu'il est attaint & conuaincu du crime qu'on l'accuse, dit que c'est Pautier qui a baillé le sort à ceste affligée.

Iassou estant pareillement appliqué à la question, l'endura si asprement que l'on sçauroit croire, en fin luy voulant chauffer les bottes, au premier coup de coing qu'on luy donna il cria qu'on le laissast, ce que l'on fit, il confessa qu'il estoit Sorcier, & qu'il auoit esté souuent au Sabath où il auoit veu Pautier, confessa aussi qu'il auoit donné & commis plusieurs malefices par la Magie & Sorcellerie, & en accusa plusieurs de leurs caballes.

Le l'endemain l'on procede à l'interrogation de Pautier, lequel estant deuant Messieurs ne voulut rien confesser, bien qu'on luy presenté deuant luy les deux autres, lesquels luy maintienne que c'estoit luy qui auoit baillé le sort à ceste femme affligée, & qu'il auoit diuerses fois esté au Sabath auec eux, il nie tout, & l'ayant appliqué à la question on la luy donne ordinaire & extraordinaire, mais tant plus on le presse, tant plus il crie qu'il est innocent, & l'ayant long temps tenu sur le banc dela question, voyant que pour le presser & l'interroger l'on ne gagnoit rien, attendu que ce maudit Sorcier auoit continuellement son Demon qui luy tenoit la bouche close pour l'empescher de confesser son peché.

Pen-

Pendant qu'on les interrogeoit dans la chambre l'on fit venir quelques vns de ceux qui estoient tourmentez, & affligez de leurs malheureux sorts dans la chambre Criminelle pour leur estre presentez, & si tost qu'ils y furent ils furent grandement tourmentez, & oppressez, faisant des signes & cris effroyables, declarant qu'ils voyoient plusieurs Demons horribles tout autour desdits Sorciers, dont l'vn d'iceux faisoit signe que c'estoit Pautier qui auoit faict le plus de mal.

Ayant donc Messieurs les Iuges & gens du Roy trauaillé par diuers iours en l'instruction du procez, & voyant tant de preuues, & si grand nombre de deposans contr'eux ils donnerent Sentence, par laquelle

B

ils furent condamnez de faire amande honorable nuds en chemise, la corde au col, tenant chacun vn gros flambeau de cire ardente, estât à genoüil, demander pardon à Dieu, au Roy, & à la Iustice, & d'estre conduits hors la ville, & pour estre dans la place appellée les Arrenes, bruslez tous vifs, chacun en vn poteau, qui pour cet effect leurs seroient dressez, & leurs cendres jettée au vent.

Estans arriuez au lieu destiné pour les supplices, ils furent chacun liez à son poteau, & puis apres entourez d'vn puissant bucher de bois, auquel l'on ne mit point le feu, que les Peres Recollez qui les assistoient, leurs firent de tres sainctes Remonstrances, pour tascher de sauuer leurs ames, les incitant de descharger entierement leurs consciences, veu qu'ils auoient encores assez de temps, pour auoir grace & misericorde de leurs pechez, & mettre leurs ames en repos, lesquelles estoient en voye de damnation, s'ils mouroient dans leurs pechez. Ce miserable Pautier ne voulant iamais rien confesser, & qui c'estoit donné de rechef au Diable, qui ne l'a iamais abandonné & luy auoit continuellement bouché la bouche de peur de rien confesser, les deux autres voyant la perseuerante & malicieuse oppiniastreté de Pautier, ne voulurent rien dire dauantage que ce qu'ils auoient confessé aux Iuges.

Voyant qu'on ne pouuoit rien tirer dauantage d'eux, le signal donné, l'Executeur mit le feu au

B ij

bucher, lequel ne fut si tost embrazé dans le bois, que voila des crys effroyables, des tempestes, & grands orages dâs l'air, les tisons de feu eslouez hors de leurs places, des fantosmes parmy ses flames qui faisoient des actions si horribles & espouuentables, qui donnerent vn si grand effroy qu'ils firent retirer promptement plus de deux milles personnes (qui estoient presents) & mesme à l'Executeur, d'abandonner le tout iusques à ce que le bois fut consommé, lequel neantmoins il fallut augmenter pour reduire ses miserables corps en cendres qui jettoient la plus grande puanteur & infection qu'on sçauroit croire, & tout autres que l'ordinaire, & furent lesdits corps vingt-quatre heures & plus à consommer, pour jetter les cendres aux vents.

F I N.

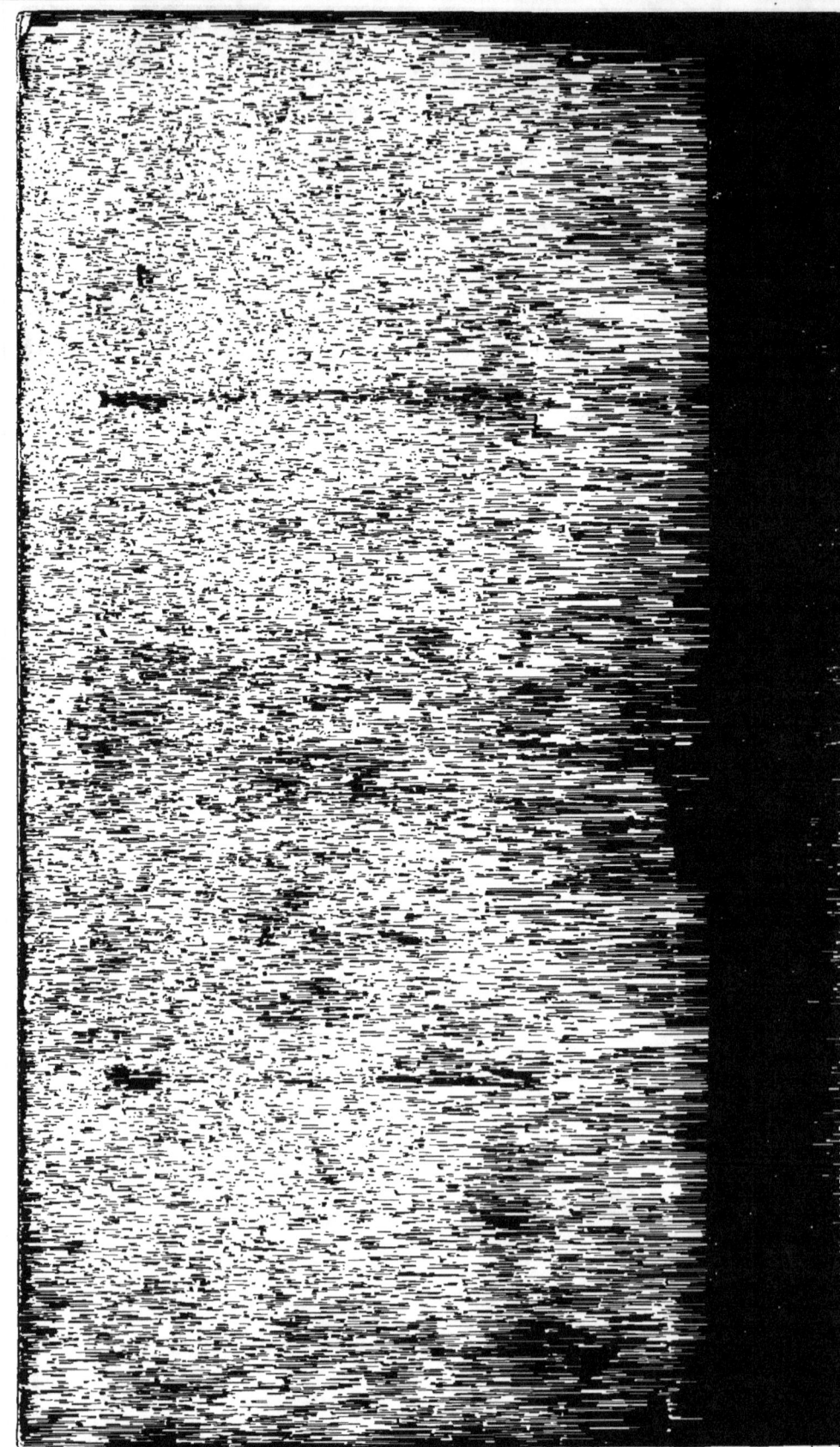

www.ingramcontent.com/pod-product-compliance
Lightning Source LLC
Chambersburg PA
CBHW060638050426
42451CB00012B/2652